단 하나의 꿈

강예리 시집

단 하나의 꿈

초판 인쇄 2014년 6월 3일
초판 발행 2014년 6월 9일

지은이 강에리
발행인 임수홍
편 집 박미영
디자인 맹신형

발행처 도서출판 국보
주 소 서울 강동구 양재대로 114길 32 2층
전 화 02-476-2757~8 FAX 02-475-2759
카 페 http://cafe.daum.net/lsh19577
E-mail kbmh11@hanmail.net

값 10,000원

ISBN 978-89-93533-74-3 03800

「이 도서의 국립중앙도서관 출판시도서목록(CIP)은 서지정보유통지원시스템 홈페이지(http://seoji.nl.go.kr)와 국가자료공동목록시스템(http://www.nl.go.kr/kolisnet)에서 이용하실 수 있습니다.(CIP제어번호: CIP2014016916)」

첫 시집 '단 하나의 꿈'을 내면서

누구나 살아가면서 누군가의 단 하나의 꿈이었던 시기가 있습니다. 어릴 때는 부모님의 단 하나의 꿈이었던 시기가 있었고 성장해서는 연인의 단하나의 꿈이었던 시기도 있었겠지요. 그리고 지금은 또 누군가의 단 하나의 꿈으로 남았을까요?

삶에 눌려서 가슴 속에 품은 단 하나의 꿈조차 희미해져 갈 때, 그래서 사랑의 빛이 점점 줄어들어 갈 때, 나를 잡아준 단 하나의 꿈은 시 였습니다. 이제는 담담해진 단 하나의 사랑조차 내게는 시가 되었습니다.

이제 시가 된 나의 단 하나의 꿈이 누군가의 마음 속에서 단 하나의 사랑으로 다시 부활하기를 바라며 나의 꿈이었던 분들과 내가 꿈이 되었던 분들에게 이 시집을 바칩니다.

처음 보는 순간부터 나를 사로 잡았던 아름다운 사진 "달콤한 꿈"을 시집 표지로 흔쾌히 제공해 주신 안영상 작가님께 감사 드립니다.

시집 출판에 도움을 주시고 참여해 주신 여러 선생님들과 친구들께 깊은 감사드립니다. 고맙습니다.

강에리

제1부

나 억새로 태어나도 좋으리

제2부

단 하나의 꿈

제3부

수선화는 사막에서 피지 않는다

제4부

황 혼

제5부

시몬을 위하여

사진제공 : 코리안 뷰티 김재식 교수님

제1부

나 억새로 태어나도 좋으리

'나 억새로 태어나도 좋으리'는 연모의 시 입니다. 우리는 서로 사랑해서 삶을 함께 하지만 현실은 사랑을 연장 시켜 주지 못하고 오히려 사랑을 잊게 합니다. 그래서 삶은 모든 것 할 수 있지만 아무것도 할 수 없는 상태가 되고, 아무 것도 할 수 없는 수동적인 억새가 부러운 역설이 됩니다. 곁에 있지만 생활에 묶여서 아무것도 할 수 없는 지금보다 다시 태어난다면 아무것도 할 수 없지만 사랑 하나만 바라 볼 수 있는 그런 사랑을 노래합니다. 언덕 아래 키 큰 미류 나무 같은 그대를!

나 억새로 태어나도 좋으리

세월이 흘러
여러번 윤회가 된다면
어느 한 생엔 언덕위에
억새로 태어나도 좋으리

뿌리만 내리고 서서
비만 기다리는 삶도 좋으리
바람에 온몸 맡기고
흔들려도 좋으리

나는 목소리 없어
울어도 그대 들리지 않고
두 다리 없어 그대에게
다가갈 수 없고
두 팔 없어
그대 안을 수도 없지만

아무것도 할 수 없어서 좋으리
모든 것 할 수 있지만
아무 것도 할 수 없는
지금 보다 좋으리

언덕 아래
키 큰 미류 나무 같은 그대
바라 볼 수만 있으면.

가슴으로 하는 사랑

이십 년 동안
머리로만 사랑하다가
처음으로
가슴으로 사랑하는 법을
배웠습니다

가슴으로 하는
내 사랑은 아직 어려서
갓난쟁이 아이 같이
자꾸만 투정을 부립니다

하루 종일
엄마만 바라보는 아이 같이
바쁜 당신만
갈구 합니다

작은 가슴에
그리움만 가득 차서
당신을 보자마자
제 설움에
울음부터 터뜨립니다

이제 막 가슴으로
사랑을 시작한 어린 나를
그대는 따듯한 가슴으로
말없이
보듬어 줍니다

이런 철부지인 나를
그대의 사랑이
하얀 수선화 같이
아름다운 꽃으로
피어나게 합니다.

그 사람1

백만 개의 세포가
단 한 사람에게 반응하고
꿈 속에서도
한 사람의 목소리만
들리던 시간

그 흥분 가시기도 전에
나를 울렸던 그 사람
이제 내 곁에서
고이 잠들었다

그는 꿈꾸던 그 많은 시간
어디를 헤매다
내게 돌아왔을까
길도 아닌 길을 돌아
아프게 흘러
시리웠을 사람아

오늘 밤 꿈속에선
그대 나를 만나려나
아니면 아직도

무지개를 찾아
가시덤불 가득한
숲을 헤집고 다니려나

잠든 그대
평온한 얼굴에
미소가 퍼진다
꿈속에서
그대가 찾은 것이
그 무엇이든
그대가 원하던 것이기를

내 안의 너

내 마음 속에는
나도 모르는 내가 있어
새벽녘에 스며드는
어둠 같은 너를
떨치지 못하고

내 속에는
제어 안 되는 내가 있어
타오르는 불덩어리
하나 가슴에 품고
내리지 않는 열병을 앓는다

내 안에는
나도 모르는 내가 있어
머리로는 이해 안 되는
일들을 자꾸 벌인다

가슴이 하는 일은
도무지 예측할 수가 없다.

첫 눈

아직 가을을
보내지도 못한
나뭇가지에
하얀 겨울이 왔다

초록의 푸름 위에
위로처럼 눈이 쌓인다
나무는 긴 한숨처럼
향기를 토해낸다
이제 가을을 보내야함을
알기 때문이다

북쪽에서 부는 칼바람과
해 뜨지 않는 많은 날과
가지가 부러지게 퍼붓는 눈을
나무는 알고 있다

그러나 오늘은 위로처럼 부드럽게
첫 눈이 내렸다.

꽃에 중독되다

너는 내게 꽃으로 다가왔지만
너는 꽃이 아니다
아름다운 네 미소에
중독되어
나는 산채로 야위어 간다

네 꽃받침 아래에는
달콤한 음모가 숨어 있구나
천 년의 쾌락과
나락으로 떨어진 영혼들이
네게 깃들여 있구나

꿈인 줄 알면서도 깨지 못하는
나는 가위 눌린 새처럼
가슴 졸이며
너에게 중독 되어간다

나 너를 떠나지 않는 한
다시 날지 못하리
그러나 붙잡고 있는 것은
네가 아닌 나!

이 불가사의한 집착
끊을 수 없는 슬픈 중독
나를 보내신 그분의 이름도
차마 부를 수 없는…….

얼음꽃

그리움에 열병을 앓던
단풍도 다 시들고
미라가 된 잎새
꽉 붙잡고 있다가
지난 밤 북풍에
낙엽 되어 흩어지고
맨몸이 되어 섰어요

오늘 새벽
메마른 줄기로
미라처럼 호흡하던
나에게
자비처럼
흰 눈이 내렸어요

햇살이 찬란한 아침
가지를 타고
흐르던 내 눈물도
수정처럼 빛나요
외로움에 울던 나는
포근한 눈에 쌓여
얼음 꽃으로 피어났어요.

제일 미운 편지

쓰다만 편지가
책상 위에 쌓이고
배달된 건 엉뚱하게
제일 미운 편지가 되었군요

마음도 주는 것도
표현을 하는 것도
서툰 내가
그대에게 주는 건
시름뿐이니

오늘 또
눈물에 편지를 쓰고
그중에서
제일 미운 편지를 붙일지 모르니

다시 그대 마음 아프게 할까봐
손에 쥐고 잠이 들어요
꿈속에서도
그대 아픈거 싫어서
눈물로 다시 지워요.

봄비 속에는

봄비 속에는
아직 다하지 못한
사랑이 있고

그 사랑을 위해 흘릴
눈물이 남아 있고
부치지 못한 연서가 있고

베인 상처에 들어간
빗물 같이 아린
첫사랑의 추억이 있고

비 온 후에

비 오는 날이면
천지가 흔들려
비를 타고 흘러내린다

그렇게 한 바탕 울고 나면
우울한 잿빛 구름 사이로
찬란한 햇살이 비추고
그리운 사람처럼 해가 나온다

닿을 수 없어도
가려린 온기에
대지도 나도
허겁지겁 몸을 말린다

영영 볼 수 없을 것 같던
막막함 보다
닿을 수 없는 안타까움이
또 비를 부른다.

달은 해에게로

어제는 보름달이
나목에 걸려 울고 있었지
오늘은 서해대교 아래
달이 떴을까

지금쯤
푸른 바다에 빠져
새벽을 향해 가고 있을까
햇님같은 그대를 향해서

온몸으로 우는 鐘

그 사람 보려고
鐘으로 환생했어요
차라리 아프면 잊을까
온몸을 부딪쳐 울어요

골짜기에 울음소리 퍼져나가도
천년 동안 응답이 없어요
다가오는 사람 아무리 살펴도
그 사람 찾을 수 없어요

빗물의 연서

봄과 이별이 아쉬운 듯
비가 내려요

빗물 속에는
다가올 여름의 시린 눈물이
감추어져 있어요
아직도 끝나지 못한
사랑을 위한

빗물이 대신 연서를 써요
보내지도 못할
유리를 타고
추억이 흘러내려요
눈물처럼

다시 어느 카페에 앉아서
빗물이 대신 써주는
편지를 바라보며
진홍의 카네이션 닮은
그 사람도 울고 있을까요

봄과 이별이 아쉬운 듯
비가 내려요.

해바라기

그것은 초록의
슬픈 짝사랑

한 사람을 향한
집착과도 같은 정열

마침내 정염으로
폭발한 황금의 미소

응답 없는 사랑에
대한 까만 가슴앓이!

샛별에 애수

새벽녘 어스름에
떠나지 못한 샛별이
여명이 밝고서야
멈칫하고 놀랜다

가야할 시간이 지났음에도
떠나지 못함은
낮과 밤을 가른
하늘의 무정함 때문이라지만

해님은 허공만 응시한 채
눈길조차 주지 않네
행여나 마주칠까
목 빼고 바라보다

마지막 빛의
일격을 맞고
시야가 흐려진 채
먼 길 떠나가네

해야 너는 아니
네가 뜨지 않는 날에도
샛별이 밤을 지새워
너를 기다린 날들을

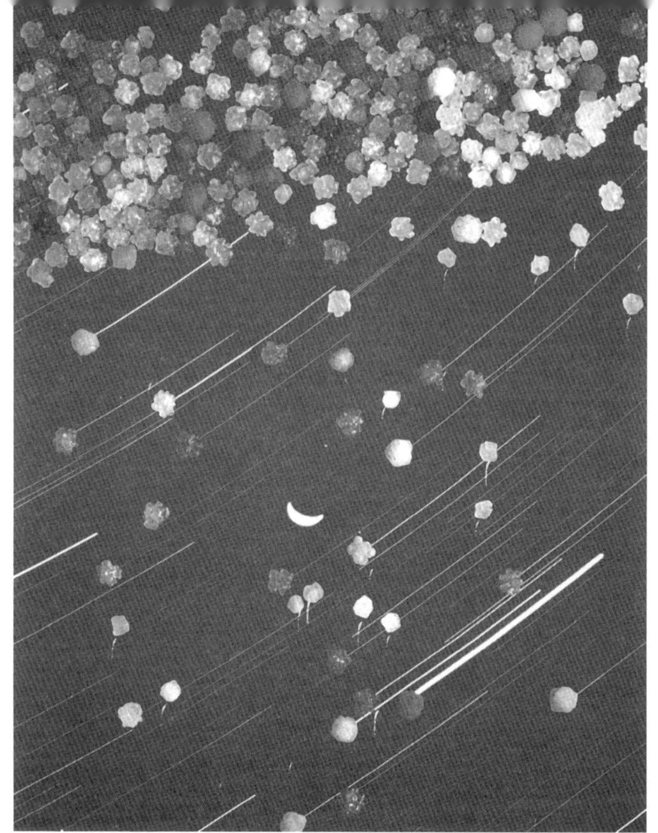

사진제공 : 안영상 작가「달콤한 꿈」

제2부

단 하나의 꿈

나의 단 하나의 꿈인 시를 쓰기 위해 참 많은 것을 버렸습니다. 그러나 살아가기 위해 시를 버렸던 순간보다 지금이 행복합니다. 지금은 나의 단 하나의 꿈이었던 단 하나의 사랑조차 시가 되었습니다. 현실에서 담담해진 나의 단 하나의 사랑은 이제 시가 되어 영원한 삶을 얻었습니다. 나의 단 하나의 꿈이었던 단 하나의 사랑이 시를 통해서 모든 사람의 마음에서 부활하기를 기도 합니다.

단 하나의 꿈

있잖아, 글쎄
너른 뜨락이었어
물길도 있고
숲길도 나 있는
향기 가득한 오두막
커다란 그네 걸린
고요한 터였어

나무 숨소리
풀벌레 웃음소리
짝 잃은 파랑새
슬픈 울음소리
땅강아지 흙 뒤집는
몸부림,
그 것만 가득한 그 곳

열기 벗어나려
저 높은 담 너머
어딘가에 있을 당신에게
포옥 안기려 한거야

꿈,
내가 바라는 단 하나
예쁜 선물인거야
나의 영원한 첫 사랑,
나의 연인!

하늘 정원이 있는 집

난 아주 커다란
하늘 정원이 딸린
집에 살아요

작은집 마당 평상에 누우면
우주가 다보이고
작은 방 창문으로 밖을 보면
호수 건너 산도 보이죠
현관을 나서면 백사장이
바다에 닿아 있어요

바위를 닮은
그대 가슴에 안기면
별들의 숨소리가 들려요
우주의 맥박 같은
그대 심장이 뛰고 있어요

나는 영원한 첫사랑,
단 하나,
그대의 여인!

새싹

내 마음의 그리움이
새싹처럼 자라나네

잠자던 잎새들이
살며시 고개 드네

꽃들이 넝쿨 타고서
낮과 밤을 채우네.

샤프란

함초롬히
아침이슬 머금고
빛나리라

그대의
사랑스런 눈길만
머문다면

우주도
꽃 한 송이에
신비롭게 잠기네.

꿈꾸는 단풍

봉은사 경내에
가을비가 내리고
연못엔 낙엽들이
꿈에 잠겼다

그날
초파일 연등의 추억은
흔적조차 없다

여름날 장마 비처럼
쓸려간 사랑을
연못도 기억하고 있겠지

봉은사 경내의 연못에는
낙엽들이 모여
가을에 못 다한 꿈을 꾸고 있네

이내
풍경소리마저 멈춘다.

아주 가까이 있어요

나
어제 있던 그 곳에
너
같이 있었어
가까이
아주 가까이 말이야
같은 하늘 조금 떨어진 곳에

나
그 곳을 떠나올 때
너는
곤히 잠들어 있었어

그나마 돌아가겠지
너
있던 바로 그 곳으로 말이야.
마음의 한 조각을 여기에 둔 채
널 사랑한
내 모든 것을 부여안고

너도 알거야
너와 나
어디에 있더라도
온 세상 안은 만큼 사랑하는거
꼭
이 말은 해주고 싶어

알거야, 너만은…….

그대 떠난 정원에서

수양버들 베어내고
허허로운 마음
베롱나무 살갗마저
자목련 같은 그대에게
의지해 왔건만

장대한 장마 빗줄기
몰아치던 여름날
그대는
다시 돌아온다는
운만 남기고 떠났네

매미 소리 애절했던
폭염도 물러가고
단풍잎 곱게 물들면
내게로 돌아오려나

갈잎 질 때 다시
그대 떠나간다면
그대여 바람 되어
나를 싣고 가줘요

양지바른 곳
그대 계신 곳으로
함께 데려가 주세요.

사랑한다는 것은

사랑한다는 것은
기다림이다
기약 없는

끝나지 않는
그리움이다

그리고
아무것도 바라지 않는
순명이다

그것을 알고 난 후
나는 마른 꽃처럼
산화되고 있다.

꿈에 나래를 달고

책상 앞에 앉았는데 등이 가려워요
모니터 속의 별나라로 빨려 들어가
깊은 하늘을 날고 있어요
이런 나도
날개를 달았어요
별무리에 기대어 섰다가
기어이
청나비가 되어 날았어요

달님이 잠든 바다가 보여요
기류를 타고 높이 높이 오를수록
오색구름 보듬는
해님이 부르고 있어요
11월의 세상은 눈이 부시고
밤하늘과 땅마저
고요히 육신을 뉘였어요

하지만
산들은 온통 붉게 상기되었어요
파랑새 날개마저
태양 빛처럼 보석이 되었어요

나는 꿈을 타고 날아요.

온 마음 가득한 집

내 마음을 그대에게 다 주어서
내 몸 속엔 내가 없어요
나는 영혼을 혼자 놓아두고.

그대 마음 안에서 살아요
텅 빈 집에는
비가 새는지
벽에 금이 가는지
창문이 깨지는지
도무지 볼 수가 없어요.

집을 떠난 지
너무 오래 되어서
등도 나가고
우물도 마르고
꽃도 시들고
다 죽어 나갔어요
정원에 잔디마저도

이제 돌아간들
혼자 머물 수 없어요

그대 눈빛
당신 손길에 녹아들어
사라진 모습처럼 숨었어요.

한 가닥 마음마저도

화이트 데이의 추억

작은 사탕 하나에
우주보다
큰 마음이 들어있네

입에서 녹는 순간
그대가 내안에 들어와
단 하나의 꿈이 되었네

달콤하게 남는 여운은
그대
나에게 준 그리움이네.

사과

여름날
열병 같은
사랑을 앓더니만

초록의
상큼했던
외모는 농염해져

새콤한
향기 머금고
발그랗게 익네요.

돌아가는 길

안개 가득한 거리
가로등 불빛이
창백하게 흐르고

보름달은
나목에 걸려
더 이상 가지 못하네

어두운 허공에
구원처럼 떠있는
하얀 십자가!

그대를 만나고
돌아가는 길
밤도 푸른 한숨을 내쉬네.

열두 시 삼십 분

열두 시 삼십 분에
차가 떠나요
설렘과 기대를
함께 태우고
터미널에서 기다릴
그대를 향해서

눈 덮인 도시를 지나
설원을 달려요
시간은 정지된 듯
느리게 흐르고
대기엔 안개가 자욱해요

열두 시 삼십 분에
떠난 차는
아직도 도로 위를 달리고
나를 떠난
내 마음은
그대 곁에 닿아 있어요.

눈의 나라

항상 설국에 가는 꿈을 꾸어요
일상에서 절대 벗어날 수 없는 날에도
도시가 온통 눈에 덮이는 날이면
더욱 간절히 바래요

어린 시절 동무와 꿈꾸던
눈의 여왕이 사는 나라
내가 어른이 되면
너를 꼭 데리고 갈께

속삭이던 가이는
청년이 되어
눈의 여왕이 아닌
아름다운 부름을 받아 떠나고

남겨진 겔다는
혼자 설국에 갈 용기가 없어
도시가 온통 눈에 덮이는 날이면
더욱 간절히 바래요

한 번쯤 설국에 발이 묶이기를
스스로는 절대로 감행하지 못할
잠수를 꿈꾸어요
날씨가 이끈다면
눈의 나라에 오롯이 고립되고픈

얼음동굴에서 조차
만날 수 없는 그를
환상 속에서 재회할
설국에 가는 꿈을 꾸어요.

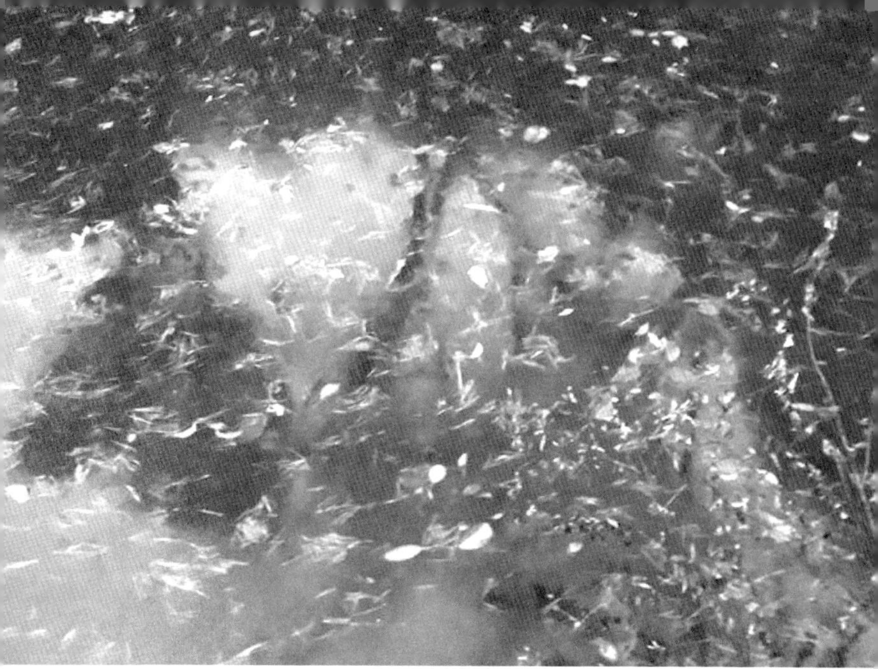

사진 : 봉은사 경내(저자)

제3부

수선화는 사막에서 피지 않는다

이 시는 초현실주의 그림을 보고 썼습니다. 나르시즘을 표현한 물에 비친 그림인데 이중 구조가 아닌 삼중 구조로 되어 있어요. 물에 비친 모습과 산 사람의 모습 왼편에는 해골이 그려져 있어요.

삶과 죽음 그리고 물에 비친 허상이지요.

우리는 살면서 꿈을 꿉니다. 꿈은 삶에 대한 것일 수도 있고 죽음에 대한 것일 수도 있지요. 때로는 그 꿈이 현실보다 더 생생합니다. 그러나 꿈이라는 것은 조약돌 하나에도 사그라질 수 있는 허상입니다.

결코 존재할 수도 없고 잡히지도 않지요. 껍데기만 있는 피폐한 사랑 같은 꿈에 사로잡혀 있는한, 진정한 꿈은 자꾸 멀어집니다.

통제되지 않는 위험한 꿈에서 깨어날 때 우리는 진실한 꿈에 다가갈 수 있습니다. 수선화는 결코 사막에서 피지 않습니다.

수선화는 사막에서 피지 않는다

물에 비친 허상아
삶 보다 더 생생한 꿈아
결코 이룰 수 없는
껍데기만 있는 사랑아
조약돌 하나에 사라질 그림자야

나를 잡지 마라

너는 존재하지도 않는
차원에 사는 도깨비
손에 잡히지도 않는 허상
깊은 무의식의 속에 존재
통제 되지 않는 위험한

에덴을 떠난 마돈나의 꿈!

단팥빵

겉은 분명 빵인데
안에는
모찌가 숨어 있다

갈색의 향긋한 냄새를 풍기지만
네 안의 팥은
초콜릿이 아니다

너는 네가
누군지 아느냐?

고치

고단한 여행길에
안식을 얻었구나

바람은 살랑대고
햇살은 따듯한데

달콤한 꿈에 취해서
긴 여정을 잊었네

설경

산천이
눈에 덮여
모두가 잠을 자네

냇물도 달리다가
하얗게
멈춰서고

송사리의
여린 숨소리
얼음장을 흔드네

가을 담쟁이

화가 났을까
핏대가 섯다.

악 다문 입, 빨개진 얼굴
벽을 움켜 쥔 손톱
무슨 고통을 삭히고 있을까
마른 입술 달싹이며

파르르 떠는 몸
찬 바람을 재촉한다.

패랭이꽃

카네이션 보고파
패랭이꽃 키웠네

닮은건
겉모습 뿐
마음은 딴판이네

꽃일랑
내 마음 밭에
다시 볼 수 없으리

독도

언제나 아픈 손가락 같은 너야
자주 찾지 않아도
쉽게 갈 수 없어도
훌륭히 자라 주었구나

모진 수난 이겨내고
이제 아름답게 꽃피는 너를
너를 수탈 했던 자
다시 범하려 하는 구나

다시는 너를 울게 하지 않으리
강치의 피로 물들었던 그 해변에
다시
살육자를 발 들이지 못하게 하리

바리 같은 딸 처녀 독도야!

간장 종지

간장 종지에
냉면을 담으려 하였네
김치 보시기로도
작은 그릇을.

혹 사탕 접시로나
쓸 수 있는지 모르겠네
친구네 집 앵무새
모이 그릇이 필요한지
물어봐야 겠구나

너의 대문에 파란 칠을 하고 싶었어

창문도 없는 집에서
꿈을 꾸는 너에게
나는 꽃을 가득 실은
자전거를 타고 왔어

네 집은 아직
번지수도 없고
대문은 칠도 안한 판자로 이어진
허술한 집

그래도 나는 대문에
파란 칠을 하고
벽에 예쁜 창문을 내는
네 꿈을 돕고 싶었어

그런데 오늘 넌
나와 상의도 없이
새 문패를 달았어
낯선 이름의 문패를

이제 그 곳엔
더 이상 내 꿈은 없어
나는 꽃바구니가 담긴
자전거를 놓고 떠날께

그 꽃이 시들기도 전에
너는 후회할거야
나를 다시 볼 수 없음을
다시는 함께 꿈 꿀 수 없음을

꽃인 줄 알았어요

꽃치고 좀 못 생겼지만
개성있다 생각 했죠

색깔이 칙칙했지만
하얀 꽃인 줄 알았어요

향기가 없었지만
그럴 수도 있다고
생각했어요

모양이 뭉그러졌어도
꽃술이 없어도
개성이라고 보았어요

내 행복한 정원에
독버섯 균사
풀풀 날리기 전까지

이제 왔던 곳으로
다시 보내야겠어요

숲에 응달진 아늑한 곳
사철 낙엽 깔린 그 곳으로

낙엽

붉으레 곱디곱던
홍조도 사라지고

가슴을 적셔주던
이슬도 다 마르고

한조각
붉은 마음만
남겨두고 떠나네

레퀴엠

따듯한 봄바람 타고
날아갈 때까지
너는 네가 거미인 줄 몰랐다

고치를 만들 실로
그물을 짜면서도
나비가 될 줄 알았다

포식자가 된 후에도
달이 뜨는 밤마다
날아오르는 꿈을 꾸었다

아름다운 것을
사냥해야 하는 천형을 안고
날마다
눈물로 하늘에 그물을 쳤다

이른 아침
사냥이 시작되기도 전에
시작된 죽음의 무도

어미 새의 먹이가 되어
마침내
슬픈 원죄의 마침표를 찍었다

전단지 한 장

지하철 역 입구
등산복 차림에 배낭을 멘 할머니
전단지를 나누어 주고 있다

애써 손사레를 쳐도
당당하게
가방에 살짝 찔러넣는다

삐죽이 가죽 가방 위로 올라온
촌스런 광고지
신경을 거스른다

아무리 찾아도
말끔한 거리엔
쓰레기통조차 보이지 않는다

12월 하늘은 유리처럼 맑고
크리스마스 트리 아래를 지나는
사람들의 표정은 행복하다

저녁이 다 되도록 할머니는
무거운 등산 가방을 메고
줄지 않는 전단지를 들고 서있다.

잠자리의 비행

푸른 하늘과
바다가 맞닿은
작은 섬

날개를 물들일 만큼 푸른
하늘을 날아오르다
지쳐
잠자리 바다를 건너다

푸른 파도에
날개가 다 젖을 지라도
결코 멈추지 못할
날개짓!

몸을 빨갛게 태워버린
태양을 향해 가려는
환상 같은 여정

매일 보는
하늘과 파도에 지쳐
잠자리 바다를 건너다.

시를 쓰는 이유

내 가슴 속에
가득한 말을
그대에게 하고 싶어서에요
아직 다 울지 못한
눈물을 대신하는 거에요

너무 가슴이 아파
숨을 쉴 수도 없을 때
살풀이 춤처럼
한 바탕 회한을 풀고 나면
나는 또 살아갈
힘을 얻게 되니까요

꽉꽉 차서 터질 것 같은
슬픔들을 그대에게
직접 말하지 못하고
나 혼자 말하는 거에요
허공에 소리치는
메아리처럼!

사진 : 올림픽대교를 바라보며(저자)

제4부

황 혼

황혼은 이별의 시 입니다. 나의 주방엔 아주 작은 창이 있습니다. 이 창으로 저녁 식사를 준비할 때 쯤 늘 해가 집니다.
황혼은 어떤 날은 아름답게 어떤 날은 아주 처연하게 다가옵니다. 이월에 내가 스승처럼 따르던 한 분이 나를 떠났습니다. 그날의 주홍빛 노을을 나는 오래 잊지 못할 겁니다.
오래 전부터 예정된 이별이기에 울 수도 잡을 수도 없지만 깊은 슬픔 하나 불덩어리처럼 가슴에 걸리고 조금씩 내 슬픔도 어둠에 묻혔습니다. 그리고 모든 것을 순명하는 밤이 되었습니다.
그 순명은 새로운 아침을 열기 위한 희망의 순명입니다.

황혼

지금은 오후 다섯 시 반
이월의 짧은 해는
마지막 이별의 시를
하늘에 씁니다

조금씩 차오르는
주홍빛 슬픔을 토해
하늘을 물들입니다

눈물도 흐느낌도 없는
불덩이 하나 가슴에 걸린
격한 이별 입니다

침묵하는 빌딩을 뒤로하고
아무도 환송하지 않는
석양 속을 지나 조금씩
미끄러져 밤으로 갑니다.

겨울 낙엽

삼동에 끝자락에서
떠날 때를 놓친 나뭇잎처럼
가지에 매달린 나의 상념들이
바람에 울고 있네

한두 해의 이별도 아닌데
시간 속으로 떠나가지 못하고
무슨 미련이 남아서 붙들고 있을까

봄은 아직 멀었는데
정녕 겨울비라도 와서
등을 밀어야
마지못해
잊혀진 추억 속으로 떠나가려나

미라가 된 마음 한 자락

실어증

잿빛 하늘은
말문이 막힌 아이처럼
시어를 잊었다네

가슴에 가득한 말
한마디도
꺼내지 못해
천둥을 쳐도
시어 한 줄 나오지 않고

태양은
충혈된 눈으로
하늘을 봅니다

아름다운 노을
시를 쓰려 하지만
나오는 건
바람의 신음소리

바람에 강물 다 마르고
눈물 담아 무거워진 구름이
땅이 다 잠길 만큼 울어야
말문이 틔일까요

청동 반월도 닮은 달

여름날엔
매미가 고성방가하고
가을밤엔
귀뚜라미가 슬피 울어
잠 못 이루었다

긴긴 겨울밤엔
깊은 단잠 꿈꿔 왔건만
푸른 달빛이
흰 눈에 내려와
말을 붙인다

여름의 전설을
벌써 잊었냐고
그리움일랑은
다 어쩌고
긴 겨울잠을 자려
하느냐고

달아
청동 반월도 닮은 달아
네가
내 시름 좀 잘라 주렴

겨울 평원에
고요 속으로
나 떠날 수 있게!

화석의 시간

슬픔 중에도 흘러나오던
시가 단 한 줄도 써지지 않는다
혼란스럽다

아픔조차 느껴지지 않는
완벽한 무감각
괜찮을 줄 알았다
시간이 가면

눈물이 마른자리에
새 감정이 돋아 올라
미움이든 용서든 원망이든
자라오를 줄 알았다
넝쿨을 뻗고
무성해지길 기도했다

그러나 마음은
다시 사막이 되었다
처음 올 때에 그랬던 것처럼.

이제 막 열기 시작한
포도송이 위로
시간이 멈췄다

이 기나긴 휴지기의 시간을
나는 또 어떻게 견디어 갈까
다시 숨만 쉬는 화석의 시간을
살고 있다

나를 깨웠던
비는 어디로 흘러갔을까

이별

그대가 떠나리란 걸 알아요
내가 떠나온 것처럼
우리는 이별이 무서워
아무 말도 못하고 있죠

남을 이유가 없는 것처럼
떠날 이유도 없기에
서로 말을 아끼고 있죠

침묵은 더욱 서로를 옥죄이고
그대는 떠날 명분을 찾고 있죠
내가 보낼 이유를 찾듯이

그대
가도 아주 가지를 못하고
영혼은 붙들린채로
마음만 떠날 채비를 하네요

결국 이곳을 떠나는 건
내가 될 거에요
얽힌 영혼을 풀지 못하고

아직도 눈물이 마르지 않은
마음을 안고
여윈 육신으로

단풍

가을아
붉디붉은 네 얼굴
아프구나

핏빛의 선혈처럼
얼룩이 퍼지는데
새벽녘
무엇이 슬퍼
이슬마저 흘리냐

갈바람 네 얼굴의
핏기를 앗아가고
시간은
낙엽처럼
산산이 부서져서

사랑도
세월이 가면
아프지만 않으리

안개

슬픔은 소리 없이
만리에 서려있네
새하얀 어둠속을
혼자서 걷노라면

그대는 보이지 않고
목소리만 들리네

어디가 평원인지
시내가 발아랜지
제자리 맴돌다가
울면서 숲 길 가면

스치는 나뭇가지에
새소리를 바라네

추억의 그 길

그대와 함께 걷던
거리를 홀로 걷네
세월은 돌고 돌아
몇 겁이 흘러가도

그대의 숨결은 남아
나를 잡아 이끄네

카페에 홀로 앉아
그대를 추억하네
창밖엔 소리 없이
어둠이 내려오고

황혼녘 그대 모습은
환영처럼 떠도네

갯벌에 홀로 서 보았는가

발이 푹푹 빠지는 갯벌에 홀로 서 보았는가
살을 에는 추위보다 무서운 건
가슴 속에 소용돌이치는 폭풍이라네

바닥을 모르고 빨려 들어가는 그리움이라네
나를 울리는 건 삭막한 검은 풍경이 아니라네
외로움에 망가져 가는 내 심장이라네

나는 갯벌을 삼킬 만큼 큰 소리로 울면서도
숨을 쉴 수가 없어 숨을 쉴 수가 없어
가슴에 오는 통증 두 주먹으로 치며
어둠에 잠기는 뻘에 주저앉았네

황혼이 물드는 해변에 스며든 나는
뻘을 덮는 어둠이 되었다네
파도는 이미 너무 멀리 갔다네

동백꽃

어디서 왔을까?
본 일이 없는 아우라(aura)를
발산하는 너는.

전생의 기억 같은
첫사랑의 향수를
자극하는구나.

사월의 이별과
십이월의 뜨거운 사랑과
그리고

칠월의
장대한 빗줄기 속에서도
식지 않던 사랑을.

지금은 삼월
다시 이별을
예비해야 할 시간.

가을

이별이 서러웠던
꽃피는
봄을 지나

여름은
우뢰처럼
슬픔을 쏟아 붓고

가을은
단풍잎처럼
손님으로 머무네

우울할
틈도 없이
가을이 지나가네

그립고
그리운 마음은
모두 다 불태워서

아쉬움
겨울이 와도
한조각도 없으리

가을비

지난 밤 내린 비에
고운 단풍 다 지고

구르는 낙엽 따라
내 마음도 떠도네

가을비를 닮은
그대여!

녹턴

가슴에는 작은 강하나 흐르고
하늘에선 은하수 내려오네

하늘과 마음의 강이 만나는 날
이 슬프고 아름다운 노래도 끝나겠지

나 이제 그 섬에 가지 못하리

나 이제 그 섬에 다시 가지 못하리
황혼에 물든 해변에서
너와 함께 붉은 노을이 되어
행복하게 바라보던 그 섬에

네 얼굴이 저녁놀처럼 물들고
네 눈동자에 어둠이 스며들면
황혼에 한 몸이 되어버린
하늘과 바다의 추억이 깃든 곳

나 이제 그 섬을 다시 추억하지 않으리
어둠이 축복처럼 내려오고
파도가 밤새도록 축가를 불러주던
환희의 밤을 지나
찬란한 아침
나 혼자 남겨졌던 그 해변을

눈부신 아침 놀 속으로
그대 탄 배가 사라지고
해변의 파도처럼
산산이 마음 부서지던 자리에

나 이제 그 섬에 다시 가지 않으리
달도 없는 캄캄한 밤
푸른 바다를 떠돌던 그대
해변으로 밀려와
모래 속에 영원한 안식을 얻은
내 사랑을 묻은 그 해변에

사진 : 정경숙 도예가 작품

제5부

시몬을 위하여

시몬을 위하여는 이유도 모른 체 자신과 무관한 십자가를 진 시몬의 이야기 입니다. 그렇게 살아 온 낭이님께 드리는 화해의 노래입니다. 또한 공익인간으로 살아야하는 이 땅의 모든 아버지들을 위한 노래입니다.

시몬은 살면서 우리가 지게 되는 황당한 십자가를 거부하지 않고 묵묵히 졌습니다. 그러나 시몬은 알고 있었습니다. 주님이 지고 가는 십자가는 자신을 위한 것이며 또한 우리 모두의 십자가라는 것을! 그는 묵묵히 순종합니다. 시의 화자는 그런 시몬을 이해하지 못합니다. 화자도 또한 그를 외면한 이유로 주님 오른 쪽에 못 박히게 됩니다. 그때 군중 속에서 연민의 눈으로 화자를 보는 시몬을 발견하게 됩니다. 거기에 구원이 있습니다.

화자는 생의 마지막 순간 그 눈빛만은 악착같이 가지고 가겠다고 다짐합니다. 그것은 바로 주님이 우리를 바라보던 눈빛입니다.

시몬을 위하여

시몬
사람들이 무고한 네게
감당하기 어려운 십자가를 지울 때도
나는 너를 동정하지 않았어

오히려 너 때문에 지게 된
내 작은 십자가가 원망스러웠어
네가 골고다 산 오를 동안
나는 너와 함께하지도 않았어

너를 외면한 이유로
나 또한 십자가에
높이 들어 올려져서
주님 오른 편에 탕탕 못 박혔어

시몬
그때 탈진해서
군중 속에 섞이지도 못하고
버려진 네가 보였어

십자가에 못 박힌 나를
연민의 눈으로 바라보는
너는 울고 있었어

주님 따라 떠나는
마지막 시간
이생의 기억 모두 잊는다 해도

나는 나를 위해 울고 있는
너의 기억만은
악착 같이 가지고 갈꺼야

시몬
나는 주님 오른편에
탕탕 못 박혀서
나를 위해 울고 있는
너를 위해 울고 있어

공익인간 (公益人間)

내가 사랑하는 사람은
공익인간(公益人間) 이다

작은 몸으로 세상을
다 껴안으려는
나는 그 사람의 품에서
그 사람이 품은
또 다른 사람들에 밀려서
숨이 막힌다

그 사람이 품어 안은
또 다른 사람들이
나를 밀치고 간다
내 발을 밟고 지나간다
내 어깨를 치고 사과도 없이 간다
눈을 흘기고 간다

그 사람은
형제들 외로운 거 알고 달려가지만
내 외로움 헤아릴 줄 모른다
친구들 어려운거 도우러 가지만

내 슬픔은 알려고도 않는다
혈육도 아닌 누이 불쌍히 보지만
내 상처 깊은 줄 모른다

늘 한 사람만 바라보는
바보 같은 나는
외롭다
그리고 슬프다
그래서 아프다
공익인간(公益人間)을 사랑하는
나는 외골수다.

언제나 그대와 함께

나 언제나 그대와 함께 있었네
태평양 건너 이곳에서
그대 바라보는 별 빛 닿는 곳

아무 말 아무소식 전하지 않음은
내 마음에 이미 그대가 들어와
함께 살고 있음이라네

나 언제나 그대와 함께 하리니
그대 마음 가는 곳에
항상 나도 머물고 있네

환생

언젠가 먼지가 되어
우주를 떠도는 날

다시 또 아름다운
봄이 오고

따사로운 날에 환생을
꿈꾸어 봅니다

이생에 남은 회환 채워 줄
환생을

그 모든 것이
또 꿈이라 해도!

그 사람2

백만 개의 세포가 한 사람을 향해 열리고
세상의 모든 소리 중 하나의 음성에만 반응하던
그 열정이 식기도 전에
그 사람 충혈된 눈으로 들어와
나를 울리고 돌아누워 잤다

어느 초여름
강 건너 숲에 머물던 수상한 바람 불어오자
그 사람 길도 아닌 길을 물처럼 흘러 떠나갔다
그 사람 떠난 후
나는 숨 쉬는 박제가 되었다

다시 봄날의 새소리도 들리지 않고
초여름 달콤한 꽃들의 축제도 향기가 없어졌다
가을날 선혈 같은 단풍도 보이지 않았고
십이월의 은빛 축복도 의미를 잃었다

세월이 아무리 흘러가도
나는 피어나지도 늙지도 않았다
어느 폭풍우 치는 여름날
그 사람 길도 아닌 길을
물처럼 흘러 내게 돌아왔다

헝클어진 머리
야위고 젖은 모습되어
아무 일 없은 듯
시치미 딱 떼고
방에 들어온 그 사람
내 무릎 베고 눕는다

일어서 나오려는
내 팔을 잡은 그 사람
내 아들 같은 눈빛으로 나를 본다
그 힘없는 눈자위로
한 방울 이슬이 차오른다
천 년에 빙벽에 균열이 간다.

사막의 포도나무

그대 내게 돌아오기 전
나는 사막의 포도나무 같았네

가지에 수액 한 방울 흐르지 않아
모래 바람에
마디가 뚝뚝 부러져 나가도
아픔도 느끼지 않았네

그대 내게 돌아오기 전
나는 숨만 쉬는
박제처럼 살았네

그대 내게 봄비 되어
다시 돌아온 날
나는 비로소
가지에 투명한 수액 돌고
잎새에 푸른 희망 품었네

흐르는 강물 힘차게 빨아들여
무성한 잎새 피웠네
초여름 아름다운 하얀 꽃 피우고
향기로운 열매 주렁주렁 달렸으니

그대 다시 떠나간다 해도
이제 아프지 않으리
내겐 아름다운 여름날의 추억 있고
향기로운 포도송이 남았으니
그것으로 족하리

그대 내게
주님이 보내준
아름다운 선물이었음을
감사하며
남은 시간 견딜 수 있으리

탕자의 노래

나 오래 고향 떠나
헤매고 다녔었네

아버지 외면하고
그 뜻을 지웠었네

오늘은 그 슬픈 눈빛
생각나서 울었네

감자

검붉은
흙속에서
감자가 자라나지

줄기를
당겨보면
알알이 올라오지

여름 밤
하얀꽃 줄기 아래서
꿈을꾸고 있었지

봄의 왈츠

가을이
떠난 후에
백설의 세상이네
얼음의 정원에는
새들도 날지 않고

넘치던
생명의 향기
흔적조차 없구나

동토의
그믐밤에
별들도 잠이 드네
북풍이 우짖으며
나무를 뒤흔드네

눈 쌓인 가지
아래서
목련화가 꿈꾸네

어둠을
가르고서
햇님이 귀환하듯
새봄이 잠깨어서
입김을 후후 불면

초록의
예쁜 희망이
꼼틀꼼틀 오르네

박하선식 이별법

이별을 통고 하려고 백장미를 들고 나갔는데
밉상의 백만불 짜리 미소 앞에서
차마 건네지 못하고 가방에 넣었네
식사나 마치고 준다는 것이
편의점에서 챙겨 온
나무젓가락에 찡긴 하얀 손수건이
대신 올라와 버렸네
박장대소하던 밉상하는 말
백기 들었으니 밥은 네가 사라

카운터에서 카드한도가 차서 쩔쩔매는
나를 보고도 밉상은 웃기만 했다
커다란 백에서
제휴카드 대신 올라온 것은
커피마시며 챙겨온 봉지설탕
얼굴이 다 들어가게
가방을 뒤져 카드를 찾고 보니
밉상이 계산을 끝내고 웃고 있었다
저러니 돈 내고도 밉상이지!

오빠 바쁘니까 오늘은 전철 타고가라
혼자 이게 아닌데 하며

터덜터덜 걷는데
밉상의 차가 다가와 선다
꼬마야 타 빨리 타라
뒤차가 경적 울리기 전에
진짜 이별하려고 울다 밤 세운 내가
밀리는 도로에서 깜박 잠이 들었나 보다
꼬마야 여기서 내려서 전철 타고 가라
얼떨결에 차에서 내린 나는
밉상이 또 미워진다

겨우 세정거장 올걸 왜 타라 그래
이상하게 한적한 전철에 오른 나는
자리를 잡고 게임 하려고 핸폰을 켠다
레스토랑을 떠난 지 세 시간이 지났다
허걱! 내가 차안에서 세 시간을 잔거야
미안한 마음에 밉상에게 전화를 건다
미안해 나 때문에 출장 늦어져서
괜찮아 덕분에 뱅기 타고 간다
글구 너 코두 골구 침두 흘리더라 ㅋㅋㅋ
그러니 니가 밉상이지! 〉.〈

도박의 도시를 떠나며

나는 이제 집으로 돌아가요
이 도시에 오기 전으로
아직 눈물 모르고 명랑한 모습으로
히스테리 하지도 않고
주변 사람들에게 사랑스럽던 시절로

이 거리에 펼쳤던 마음을
다 거두어 갈께요
이제 그래야 할거 같아요
더 멀리 가지 않아서 다행이어요
더 늦지 않아서 다행이어요

아직 아무도 상처 받지도,
다치지도 않아서 다행이어요
때론 내 마음도
남에게 상처를 줄 수 있다는 것을
오늘 보았어요

내가 방황하는 동안
소중했던 나의 사람들이 미워지고
부질없는 것을 잡으려고
나를 병들게 하고 있었어요

아직도 잔설이 남은 이도시를
좋은 추억으로 간직할께요
너무 멀리 가지 않아서 다행이에요
벚꽃 필 때 떠나서 다행이어요
아직 돌아갈 수 있어서 다행이어요

그대 항상 나를

벚꽃에 끌려 하늘만 보다가
비온 뒤에 울었어요
이제 가지에 꽃 지고
서러운 잎새만 솟아올라요

눈물 떨구다
발 길 멈춘 곳에
피어있는 아름다운 꽃

돌아보니 작년부터
그 자리를 지켜 왔건만
왜 몰랐을까요

그대 항상 나를 보고 있음을
나 울때 같이 아파했음을

나 다시 눈물 흘린다면
이제 그대 위해서일 거에요
언제나 내 곁에 머무를 사람이여!

지나가는 바람에게

세상을 집어 삼킬 듯
모질던 바람도
들판을 지배하지는 못하리
그저 한 순간 지나갈 뿐

허우대 멀쩡한 수숫대 부러뜨리고
청무우 밭 할퀴었다고
바닥을 기어가는
고구마 순까지 부러뜨리지 못하리

배고픈 아이는 울겠지만
악착같이 울타리 타고 오르는
알록달록 예쁜 울타리 콩까지
떨구지는 못하리

눈아 펑펑 내려라

눈아 펑펑 내려라
고운님 타고 떠나려는
비행기 뜨지 못하게

고운님 못 가게
차마 못 붙잡는
내 대신
발목을 잡아다오

눈아 펑펑 내려라
고운님 차 막혀서 돌아와
눈 보다 펑펑 쏟아지는
참아왔던
내 눈물 다 보이게

고운님 마중 나오던
미운 사람도
길이 막혀
텅 빈 공항에서
나처럼 울지 않게

눈아 펑펑 내려라
고운님 떠나간 발자국
모두 덮어서
내 마음에 추억도
하얗게 지울 수 있게!

남보랏빛 나팔꽃

분홍의 나팔꽃을
어린 난 좋아했네
아빠는
내 방에다
꽃벽지 바르시고
나팔꽃
넝쿨 순처럼
꿈을 키워 가셨네

나팔꽃
분홍 꿈이
피기 전 봄 이었네
아빠는
머나먼 길
날 두고 떠나셨네
밤이면 눈물
꽃벽지 넝쿨 타고 흐르네

백일이 다가도록
내 마음 겨울이네
초여름

다시 찾은
아빠의 무덤인데
서러운
남보랏빛의
나팔꽃이 피었네

작품해설

'나'에 관한 사랑학과 시적 진실

강에리 시집『단 하나의 꿈』

김 송 배

(시인. 한국문인협회 부이사장)

1. '시를 쓰는 이유' 그 진실

현대시가 우리들에게 강렬한 불꽃으로 던져주는 주제는 그 시인이 간직한 불망(不忘)의 다양한 체험이 이미지화하거나 현재의 심저(心底)가 활화산의 용암으로 분출하는 경우를 정제된 언어와 결합하여 시의 형상으로 현현하는 시법(詩法)을 자주 대할 수 있다.

이러한 시적 현상은 한 시인이 그의 가치관으로 정립시킨 하나의 철학일 수도 있고 보편적인 관념의 일부가 형상화한 경우도 있을 것이다. 여기 강에리 시인이 상재하는 시집『단 하나의 꿈』에서는 강에리 시인이 평소에 그의 뇌리에 상존(常存)하면서 그와 시적으로 혹은 인생적으로 동행해야 하는 확고한 혜안(慧眼)으로 성찰한 시정(詩情)을 먼저 이해하게 된다.

강에리 시인은 먼저 시에 대한 집념이 남다른 형상으로 발현하고 있음을 간과(看過)할 수 없을 것이다. 이는 그가 시에 대해서 얼마나 진지한 탐색과 추구가 내재되어 있는지를 우리는 그의 작품에서 읽을 수가 있을 것이기 때문이다.

내 가슴 속에
가득한 말을
그대에게 하고 싶어서 에요
아직 다 울지 못한
눈물을 대신하는 거 에요

너무 가슴이 아파
숨을 쉴 수도 없을 때
살풀이춤처럼
한 바탕 회한을 풀고 나면
나는 또 살아갈
힘을 얻게 되니까요

꽉꽉 차서 터질 것 같은
슬픔들을 그대에게
직접 말하지 못하고
나 혼자 말하는 거 에요
허공에 소리치는

메아리처럼!

이 작품「시를 쓰는 이유」전문에서 살필 수 있듯이 그는 '내 가슴 속에 / 가득한 말을 / 그대에게 하고 싶어서 에요'라는 어조(語調)는 바로 그가 시의 기능이나 그 심연(深淵)에서 발산하는 의미의 깊은 이해를 이미 자신의 인생관으로 용해(溶解)하고 있음을 알 수 있다.

또한 그가 '아직 다 울지 못한 / 눈물을 대신하는 거'라든지 '나는 또 살아갈 / 힘을 얻게 되니까요' 그리고 '꽉꽉 차서 터질 것 같은 / 슬픔들을 그대에게 / 직접 말하지 못하고 / 나 혼자 말하는 거 에요'라는 어조는 바로 그가 평소에 생존의 원류에서 발원(發源)한 진실들이 '시'라는 형태로 분사(噴射)하고 있는 것이다.

강에리 시인은 이미 '시집을 내면서'라는 글에서 '삶에 눌려서 가슴 속에 품은 단 하나의 꿈조차 희미해져 갈 때, 그래서 사랑의 빛이 점점 줄어들어갈 때, 나를 잡아준 단 하나의 꿈은 시였습니다. 이제는 담담해진 단 하나의 사랑조차 내게는 시가 되었습니다.'라고 언급함으로써 그가 지향하려는 시적 변모와 그 형상 그리고 시적인 진실을 탐색하고 있는 것이다.

그는 다시 작품「실어증」중에서는 '아름다운 노을 / 시를 쓰려 하지만 / 나오는 건 / 바람의 신음소리 // 바람에 강물 다 마르고 / 눈물 담아 무거워진 구름이 / 땅이 다 잠길 만큼 울어야 / 말문이 틔일까요'라는 어조에서 알 수 있듯이 그는 한 편의 작품을 위해서 통과의례처럼 수용해야 하는 고뇌가 따르게 된다.

또한 그는 작품 「화석의 시간」 중에서도 '슬픔 중에도 흘러나오던 / 시가 단 한 줄도 써지지 않는다 / 혼란스럽다 – 중략 – 이 기나긴 휴지기의 시간을 / 나는 또 어떻게 견디어 갈까 / 다시 숨만 쉬는 화석의 시간을 / 살고 있다 // 나를 깨웠던 / 비는 어디로 흘러갔을까' 라는 갈등의 한 단면도 이해할 수 있게 한다.

꿈,
내가 바라는 단 하나
예쁜 선물인거야.
나의 영원한 첫 사랑,
나의 연인!

—— 「단 하나의 꿈」 중에서

이 시집의 표제시가 되는 이 작품에서 그가 '나의 영원한 첫 사랑 / 나의 연인!'하고 강조하는 그 대상(연인)은 바로 그가 갈구(渴求)하는 '시'라는 단정으로 이해할 수 있다. 그는 이 작품의 여적(餘滴)에서 '나의 단 하나의 꿈인 시를 쓰기 위해 참 많은 것을 버렸습니다. 그러나 살아가기 위해서 시를 버렸던 순간보다 지금이 행복합니다.

지금은 나의 단 하나의 꿈이었던 사랑조차 시가 되었습니다.'라고 그의 진솔한 내면의식을 이해할 수 있다.

이러한 '연인'은 '바위를 닮은 / 그대 가슴에 안기면 / 별들의 숨소리가 들려요 / 우주의 맥박 같은 / 그대 심장이 뛰고 있어요 // 나는 영원한 첫사랑, / 단 하나, / 그대의 여인!(「하늘 정원이 있는 집」 중에서)'에서도 이를 공감할 수 있게 한다.

그리고 강에리 시인은 다시 '지금은 오후 다섯 시 반 / 이월의 짧은 해는 / 마지막 이별의 시를 / 하늘에 씁니다.(「황혼」 중에서)'라는 심경(心境)으로 만유(萬有)의 사유(思惟)에 대한 현상들을 포용하면서 시와의 융합(融合)하는 인생의 진리를 탐구하고 있는 것이다.

2. '내 안의 너'를 통한 자아 인식

강에리 시인은 다시 자아(自我)를 인식하면서 내적인 관념이미지를 형상화하는 시법에 몰두하고 있다. 지금까지 시라는 외적 사물을 통해서 자신의 지향적인 사유로 작품을 승화했다면 이제 이러한 시적 현상들을 충족시키기 위한 내면 의식을 극대화하는 자아를 확인하고 있다.

내 마음 속에는
나도 모르는 내가 있어
새벽녘에 스며드는
어둠 같은 너를
떨치지 못하고

내 속에는

제어 안 되는 내가 있어
타오르는 불덩어리
하나 가슴에 품고
내리지 않는 열병을 앓는다

내 안에는
나도 모르는 내가 있어
머리로는 이해 안 되는
일들을 자꾸 벌인다

가슴이 하는 일은
도무지 예측할 수가 없다.

—「내 안의 너」 전문

이와 같이 강에리 시인은 '내'라는 화자를 통해서 다변적인 진실의 탐구에 집중하고 있다. 이는 그가 '내 마음 속에는 / 나도 모르는 내가 있'다는 전제로 시적 정황(situation)을 설정하고 '내 속에는 / 제어 안 되는 내' 또는 '내 안에는 / 나도 모르는 내'로 시적 구도가 전개되면서 화자 '너'와의 화해를 시도하는 시적 특성을 읽을 수 있게 한다.

이러한 그에게 잠재(潛在)한 시적진실의 향방은 '새벽녘에 스며드는 / 어둠 같은 너를 / 떨치지 못하거나' '타오르는 불덩어리 / 하나 가슴에 품고 / 내리지 않는 열병을 앓는다'는 결론에 도달하면서 '머리로는 이해

안 되는 / 일들을 자꾸 벌'이고 있어서 그의 뇌리는 약간의 혼란을 동반하고 있음을 이해할 수 있다.

그는 다시 '가슴이 하는 일은 / 도무지 예측할 수가 없다.'라는 어조로 미지의 세계가 그의 의식으로 정리되고 있다. 이러한 자아의 인식은 바로 그가 재생한 상상력이 새로운 생산적으로 변화하려는 하나의 과정해서 생성한 이미지의 창출이라고 할 수 있을 것이다.

일찍이 파스칼은 그의 유명한 글 「팡세」 중에서 '자아란 것은 그 자신을 부정한 것이다. 왜냐하면 자아는 자기가 만물의 중심이라고 생각하려 하기 때문이다. 또 자아는 타인에게 있어서도 붙임성이 없는 것이다. 그것은 자아는 타인을 복종시키고 싶어 하지 않기 때문이다.'라는 말처럼 강에리 시인의 자아 인식은 이러한 자기중심의 사유보다는 자신과의 시적 경쟁에서 다양한 정서의 발현이 자신이 간직한 지적인 지향점과 일치하지 못하는 고뇌이거나 갈등의 요인을 이미 인지(認知)하고 있다는 자성(自省)의 메시지로 이해해야 할 것이다.

꿈인 줄 알면서도 깨지 못하는
나는 가위 눌린 새처럼
가슴 졸이며
너에게 중독 되어간다

나 너를 떠나지 않는 한
다시 날지 못 하리

그러나 붙잡고 있는 것은
네가 아닌 나!

——「꽃에 중독되다」 중에서

이 작품에서도 명징(明澄)하게 나타나는 시적 현상은 '가위 눌린' '나'이며 '네가 아닌 나'의 상황으로 '너에게 중독되어'가는 새롭게 경이(驚異)의 현상을 접하게 된다. 이러한 현상은 '너는 내게 꽃으로 다가왔지만 / 너는 꽃이 아니다'라거나 '네 꽃받침 아래에는 / 달콤한 음모가 숨어 있'어서 '천 년의 쾌락과 / 나락으로 떨어진 영혼들이 / 네게 깃들여 있'다는 실상에서 강에리 시인은 차츰 '아름다운 네 미소에 / 중독되어 / 나는 산채로 야위어' 감을 인식하고 있다.

이처럼 우리 인간들의 인식의 경지는 인식 그 자체에 머무는 것이 아니라, 인식의 내면에서 창출된 성찰의 단계를 통과하는 것이 보편적인 인식이다. 강에리 시인이 '나'를 주체로 해서 '너'에게 갈망하는 것은 성찰에서 재발견하려는 진실이거나 진리의 오묘한 지적 세계를 지향하는 철학이 내재되어 있다고 할 수 있을 것이다.

내 마음을 그대에게 다 주어서
내 몸 속엔 내가 없어요
나는 영혼을 혼자 놓아두고.

그대 마음 안에서 살아요
텅 빈 집에는
비가 새는지
벽에 금이 가는지
창문이 깨지는지
도무지 볼 수가 없어요.

——「온 마음 가득한 집」 중에서

이러한 성찰의 의문은 계속된다. 혼돈이다. '내 마음을 그대에게 다 주고' '나는 영혼을 혼자 놓아두었기' 때문이다. 그래서 그는 사물에 대한 상황은 '도무지 볼 수가 없다'는 미지의 인식으로 전환하면서 '그대'라는 화자와의 소통을 탐색하고 있다.

강에리 시인의 인식은 어쩌면 자아 상실의 감응(感應)으로 유추할 수도 있을 것이다. '나는 목소리 없어 / 울어도 그대 들리지 않고 / 두 다리 없어 그대에게 / 다가갈 수 없고 / 두 팔 없어 / 그대 안을 수도 없거나(「나 억새로 태어나도 좋으리」 중에서)' '너는 네가 / 누군지 아느냐(「단팥빵」 중에서)' 그리고 '나를 다시 볼 수 없음을 / 다시는 함께 꿈꿀 수 없음을(「너의 대문에 파란 칠을 하고 싶었어」 중에서)' 등의 어조로 그의 자아는 깊어질수록 인식의 범위가 광활해지고 있음을 이해할 수 있을 것이다.

3. '가슴으로 하는 사랑법'은?

강에리 시인의 자아는 존재 확인과 더불어 그가 크게 사유의 확대에 치중하는 이미지는 사랑이라는 범주(範疇)를 광범위한 영역에서 확대하고 있다는 점을 간과할 수 없을 것이다.

그는 이 대 주제 사랑에 대해서 명민(明敏)한 정감으로 시적인 소재와 주제를 투영하고 있는데 그가 이처럼 사랑 문제를 심도(深度) 있게 천착(穿鑿)하는 연유는 무엇일까. 그것은 그가 현실적인 삶을 통해서 감응하는 괴리(乖離)에서 분출하는 정제된 인본주의(humanism)의 실현이 고뇌와 갈등의 다각적인 요소들이 그의 심저에서 여과(濾過)되고 있는 과정이 아닌가 생각된다.

이십 년 동안
머리로만 사랑하다가
처음으로
가슴으로 사랑하는 법을
배웠습니다

가슴으로 하는
내 사랑은 아직 어려서
갓난쟁이 아이 같이
자꾸만 투정을 부립니다

– 중략 –

이런 철부지인 나를
그대의 사랑이
하얀 수선화 같이
아름다운 꽃으로
피어나게 합니다.

――「가슴으로 하는 사랑」 전문

그렇다. 강에리 시인의 사랑에는 '그대'라는 화자가 등장한다. 이는 그가 사랑의 대칭에는 작품 도입(상황 설정)에서 밝혔듯이 '이십 년 동안 / 머리로만 사랑하다가 / 처음으로 / 가슴으로 사랑하는 법을 / 배웠습니다'라는 어조에서 이해할 수 있듯이 그의 진정한 사랑법은 '가슴으로 사랑하는 법'이다.

그리고 전개 과정에서 적시한 바와 같이 '작은 가슴에 / 그리움만 가득 차서 / 당신을 보자마자 / 제 설움에 / 울음부터 터뜨립니다 // 이제 막 가슴으로 / 사랑을 시작한 어린 나를 / 그대는 따듯한 가슴으로 / 말없이 / 보듬어 줍니다'라는 사랑의 순조로운 진행을 엿볼 수 있게 하고 있다.

사랑한다는 것은
기다림이다
기약 없는

끝나지 않는

그리움이다
그리고
아무것도 바라지 않는
순명이다

그것을 알고 난 후
나는 마른 꽃처럼
산화되고 있다.

——「사랑한다는 것은」 전문

강에리 시인의 사랑법은 다시 '기다림이'며 '그리움'이지만 '그리고 / 아무것도 바라지 않는 / 순명이'라서 그는 '마른 꽃처럼 / 산화되고 있다.'는 결론에 도달한다. 이러한 사랑학은 공자가어(孔子家語)에서 말하는 애인자즉인애지(愛人者則仁愛之), 곧 내가 남을 사랑한다면 남도 나를 사랑한다는 고사(古事)에서 그 교훈을 흡인(吸引)할 수 있을 것이다.

이러한 사랑의 근원은 단순한 에피투미아(epitumia-욕망)가 아닌 인격적이거나 정신적인 사랑을 말하는 아가페(agape)에 원류를 두고 '그대(혹은 당신)'와의 감도(感度) 높은 사랑 탐색을 시도하고 있다.

그는 일찍이 타고르가 말한 '사랑이란 궁극적인 영혼의 진리'라는 명언을 실현하려는 비장한 시법에서 진실을 탐구하고 있다. 그러나 그는 작품 「언제나 그대와 함께」 중에서 '나 언제나 그대와 함께 하리니 / 그대 마음 가는 곳에 / 항상 나도 머물고 있네'라거나 작품「그대 항상 나를」중에서 '그대 항상 나를 보고 있음을 / 나 울 때 같이 아파했음을 // 나 다시 눈물 흘린다면 / 이제 그대 위해서일 거에요 / 언제나 내 곁에 머무를 사람이여!'라는 돈독한 사랑을 위한 언어를 절규하듯이 분사하고 있다.

그러나 어인일인가. 작품「추억의 그길」중에서는 '황혼녘 그대 모습은 / 환영처럼 떠도네' 혹은 작품「그 사람1」중에서 '그 흥분 가시기도 전에 / 나를 울렸던 그 사람! / 이제 내 곁에서 / 고이 잠들었다' 그리고 작품「이별」중에서도 '침묵은 더욱 서로를 옥죄이고 / 그대는 떠날 명분을 찾고 있죠 / 내가 보낼 이유를 찾듯이 // 그대 / 가도 아주 가지를 못하고 / 영혼은 붙들린 채로 / 마음만 떠날 채비를 하네요'라는 어조로 '이별'을 예감하고 있다.

이러한 그의 사랑법은 열정에서 비감(悲感)으로 전개되지만 그는 작품「사막의 포도나무」중에서처럼 다음과 같이 정리하고 있어서 그의 내면에 굳건하게 잠재된 사랑의 진가(眞價)를 예측할 수 있게 한다.

그대 다시 떠나간다 해도
이제 아프지 않으리
내겐 아름다운 여름날의 추억 있고
향기로운 포도송이 남았으니
그것으로 족하리

4. 자연 교감과 시적 서정성

강에리 시인의 서정성은 시간적인 자연과의 교감에서 출발한다. 사계절의 자연 변화에서 동화(同化)하거나 투사(投射)하는 그의 자연관은 우리 인간과의 밀접한 상관성을 확인할 수 있다.

자연의 섭리는 시간성(4계절)과 불가분의 관계가 있음으로 그 시간개념을 배제하고 자연이나 자연관을 말할 수는 없을 것이다. 이는 일찍이 단테가 말한바와 같이 자연은 신의 예술이기도 하기 때문이다.

한편 故)김준오 교수의 『詩論』에 따르면 감상적 오류라고 할 수 있는 자연의 인격화에는 시인이 모든 자연을 자신 속으로 끌어와서 그것을 내적 인격화하는 원리(동화—assimilation)와 시인이 계속해서 어떤 다른 존재를 채우는 것 곧, 자연 속에 자신을 상상적으로 투여하는 원리(투사—project)를 적용해서 시법으로 형상화하는 기능을 중시하고 있다.

그러나 현대시의 자연은 인간적인 가치를 동반하는 자연이 아니라, 비정성(非情性—mindlessness)이라는 새로운 자연 개념으로 나타나서 이것이 자연시의 재생을 가능하게 한다는 논지이다. 이러한 자연시의 개념보다는 자연과의 서정적인 인간의 보편적인 가치를 교감하고 감응하는 시법을 우리는 선호하는 경향을 알 수 있다.

강에리 시인에게서도 이러한 자연과 서정의 융화(融和)가 바로 인간의 문제와 상응(相應)함으로써 그의 서정성의 심연(深淵)을 이해할 수 있으며 이것이 그가 시적으로 지향하면서 탐색하는 중요한 진실이 될 것이다.

어둠을
가르고서
햇님이 귀환하듯
새봄이 잠깨어서
입김을 후후 불면
초록의
예쁜 희망이
꼼틀꼼틀 오르네

——「봄의 왈츠」 중에서

흐르는 강물 힘차게 빨아들여
무성한 잎새 피웠네
초여름 아름다운 하얀 꽃 피우고
향기로운 열매 주렁주렁 달렸으니

그대 다시 떠나간다 해도
이제 아프지 않으리
내겐 아름다운 여름날의 추억 있고
향기로운 포도송이 남았으니
그것으로 족하리

——「사막의 포도나무」 중에서

붉으레 곱디곱던
홍조도 사라지고

가슴을 적셔주던
이슬도 다 마르고

한 조각
붉은 마음만
남겨두고 떠나네

——「낙엽」 전문

산천이
눈에 덮여
모두가 잠을 자네

냇물도 달리다가
하얗게
멈춰서고

송사리의
여린 숨소리
얼음장을 흔드네

——「설경」 전문

위에서 한꺼번에 열거한 작품들은 사계절에서 투영한 이미지를 춘하추동의 경계에서 추출한 작품들이

다. 우선 봄 이미지는 '새봄=희망'이라는 등식을, 여름에는 '초여름 아름다운 하얀 꽃 피우고 / 향기로운 열매 주렁주렁 달렸다'는 이미지와 가을에는 '붉으레 곱디곱던 / 홍조도 사라지고 – 중략 – 한 조각 / 붉은 마음만 / 남겨두고 떠나네'라는 '낙엽'에서 어떤 고독감에 심취하고 있으며 겨울은 '산천이 / 눈에 덮여 / 모두가 잠을 자네 // 냇물도 달리다가 / 하얗게 / 멈춰'섰다는 '설경'은 사계절의 마무리인 겨울이 더욱 완벽한 성숙을 예비하는 상황을 이해하게 한다.

이러한 시법은 앞에서 언급한 바와 같이 동화의 표정으로 현현되고 있다. 계절의 정경을 자신의 내면으로 끌어와서 교감하거나 대화를 하면서 그가 깊이 감춰둔 속내(진실)를 유로(流路)하고 있는 것이다.

강에리 시인은 특히 가을에 관한 작품에 많은 이미지를 투영하고 있는데 이는 가을이 우리들에게 전해주는 메시지가 다양하게 분사하는 상황들은 아마도 그에게서 또 다른 정념(情念)과 사유를 제공하는 시간적인 개념이 특이하다는 반증(反證)을 이해할 수 있을 것이다.

그는 작품 「꿈꾸는 단풍」 중에서 '봉은사 경내의 연못에는 / 낙엽들이 보여 / 가을에 못 다한 꿈을 꾸고 있네'라거나 작품 「가을 담쟁이」 중에서 '악 다문 입, 빨개진 얼굴 / 벽을 움켜 쥔 손톱 / 무슨 고통을 삭히고 있을까' 그리고 작품 「가을비」 전문에서도 '지난 밤 내린 비에 / 고운 단풍 다 지고 // 구르는 낙엽 따라 /

내 마음도 떠도네 // 가을비를 닮은 / 그대여!' 등의 어조로 가을의 정취에서 감응하는 정감의 언어들을 만끽(滿喫)할 수 있다.

강에리 시인은 어찌 되었거나 서정성을 배제하고 작품을 창작할 수가 없다. 이러한 서정적 감성은 우리들에게 정감의 기본이며 시적 소재나 정황의 기초가 된다는 점을 이미 그는 간파(看破)하고 있는 시인이다.

그는 이 시집『단 하나의 꿈』을 통해서 그가 시적으로 발산(發散)하여 그의 진실로 정립하려는 그의 내면의식은 '시를 쓰는 이유'로 궁극적인 지표를 세우고 다시 '내 안의 너'를 확인하는 자아의 인식에 초점을 맞추어 '가슴으로 사랑하는 법'과 자연 서정의 교감까지 그의 시적 진실을 탐색하는 계기를 구축하고 있다.

그러나 누군가가 말했듯이 위대한 시인은 홀연히 나타나는 천재가 아니라, 오랜 결과라는 것만큼 더 확실한 것은 없다는 언지를 명심해야 할 것이다. 왜냐하면 시인은 자기감정에 머무르거나 자기 감성에 치우치면 시의 진실은 그만큼 약화하고 말 것이기 때문이다. 시집 발간을 축하한다.

김 욱 주 대표

욱일섬유대표 대한민국박사모 중앙상임고문
새누리대구시당 운영부위원장

오월의 푸르름이 더해가는 계절에 더하여 이렇게 뜻깊은 첫 시집 출판을 진심으로 축하드립니다.

평소에도 에리님은 늘 시와 사회에 없어서는 안 될 귀중한 사람이기에 풍기고 있는 향기나 아름다운 내면에 누구나 젖을 수 있기에 더욱 봄의 아름다움과 함께 이 시간을 축하드리고 싶네요.

에리님의 시가 아름답고 건강한 사회를 만드는데 기여해 주기를 바라며……

시집 출판을 계기로 더욱 왕성한 작품 활동과 문학인으로서 행복한 일정되시길 기원합니다.

강 치 영 박사
사단법인 한국 장기기증 협회 회장 (행정학박사)
자랑스러운 부산시민상 수상

복잡하고 어려운 세상살이에서 사람이 생을 마감하면 누구나 이름 앞에 '故' 자를 붙이지만, 문학을 하는 사람은 하늘의 부름을 받으면 절대로 '故' 자를 붙이지 않는다는 말이 있습니다. 문인은 그만큼 존경 받는다는 뜻이겠지요. 저자 강에리 선생님은 각박한 우리사회에 섬김과 나눔의 휴머니즘과 예술적 서정의 소유자 입니다.

수많은 역동적 환경과 자투리 시간의 불편을 감내하면서 한편의 시를 수놓아 다듬으면서 힘들고 어려운 작금의 세월호 블랙홀에서 숱한 영혼들에게 한줄기 빛과 희망으로 그 창작의 결실을 맺게되어 여러분과 함께 작은 입술과 가슴으로 새로운 시집을 상재하게 되신 것을 진중히 감축드립니다.

오랫동안 고인물은 썩어 악취와 함께 환경을 파괴하지만 강에리 선생님의 시적 감성은 목마른 사슴이 시냇물을 찾듯이 이 시대에 외로워 지치고 힘든 영혼을 치료하는 생명수 되어 강을 넘어 망망한 대해로 흘러 갈 것입니다. 다시 한번 강에리 선생님의 시집 출판을 감축드리며 문운이 빛나기를 소망합니다.

축 사

Soopyo Hong
(주)씨엔에프코리아 대표
Global hanin yundai (글러버한인연대 대표

아름다운 무지개를 본다는 것은 행운이 찾아 온다는 증거일 것이다.

우연히 알게된 강에리 선생님을 만나게 됨을 엄청난 영광이라 믿고 싶다. 외모 만큼이나 상큼달콤한 글을 읽다 보면 나의 위치를 잊어 버릴때가 있다.

강에리 선생님의 첫 시집을 출간함은 대한민국의 발전상을 의심치 안는다. 문인들의 힘은 국민들의 정서에 큰 도움이 되리라 믿습니다. 특히 금번 작품에 기대를 걸어 봅니다.

더욱 발전하시고 전국민이 아름다운 마음으로 바뀔 때까지 좋은 작품 기대 하겠습니다. 진심으로 축하드립니다.

박 대 식 대표
한국주얼리경제인네트워크 상임대표
주얼리리더스클럽 회장
에클라트 주얼리 대표이사

강에리님의 아름다운 마음과 사랑으로 살아온 인생이 한 자 한 자 시집으로 옮겨 시집을 열면 추운 겨울을 이겨내고 꽃이 피는 생명이 보이고 푸른 여름이 보이고 아름다운 가을이 보입니다.

살아온 인생의 사계절과 때에 따라 보여지는 그 시절의 사랑이 몸으로 느껴집니다.

소리없이 자신을 표현하지 않으며 살아가는 많은 분들의 마음에 사랑으로 다가가 행복의 열매가 되어지길 바랍니다.

축하와 기쁜 마음을 전합니다.

김 성 예

중요 무형 문화재 제5호 판소리 이수자
전국 판소리 명창대회 대통령상 수상

외모 만큼이나 부드러운 심성을 가진 강에리씨가 첫 시집을 냈다는 말에 조금도 의아스럽지 않은, 마치 기다렸다는 듯 당연하게 받아들여지는건 그녀에게서 풍겨지는 섬세함과 부드러움, 모든 사물을 아름답게 바라보는 범상치 않은 그녀의 향기 때문이 아닐까 생각합니다.

매사를 그냥 바라보지 않고 그녀의 특별한 세계에서 만들어내는 글속에 분명 뭔가가 있을 것 같은 기대 속에 시인 강에리씨의 데뷔에 기쁜 마음으로 축하 해봅니다.

앞으로도 그누구도 표현해 낼 수 없는 독창적인 글! 또는 가장 편안하고 서민들의 마음을 그대로 글로 표현해 주는 시인이 되길 바라며 기쁘게 응원합니다.

김 석 태
이라크 다큐 전문 기자 · 사진작가
쿠르드스탄 사진작가 협회 고문

이 한권의 시집이 천상의 음악 소리와 연결되기를 소망하며 바람 소리 · 비 · 눈보라 따스한 햇볕을 가슴으로 담은 장고의 결실 그리고 우리들의 소박한 삶이 담긴 천상의 음악 소리가 마음의 상처를 보듬고 아름다운 사람들에겐 축복이 되게 하소서……

강에리 작가님의 가슴으로 전하는 곱고 고운 주옥들이 한 권의 시집으로 세상에 나온 것을 멀리 이라크에서 축하 드립니다.

박 수 민

SEICO JAPAN TRADE CEO
화가

귀엽고 사랑스런 나의 동생 에리공주님! 그 동안 부족한 시간을 쪼개 시를 쓰고 부족한 시간을 나누어 누군가에게 감동을 주는 그는 봄날 같은 사람이다.

방안 가득 둘러 쌓여 있는 책들……

위에 한줌 봄 볕이 들어오고 우린 그 봄 볕과 함께 그가 쓴 시들이 봄 꽃으로 피어난다.

시간을 견딘 봄 꽃처럼 오래 도록 우리 곁에 남아
누군가 에게는 희망으로
누군가 에게는 감동으로
누군가 에게는 도전으로
남아 주길 기원한다.

손 성 모

느티나무, 대한민국 대법원(Supreme Court of Korea) 및 올찬종합건설
이전 직장: 국립과학수사연구원

축하드립니다. 시집 나오면 꼭 읽어보겠습니다. 에리님 친필 사인을 받아 구매하면 더 좋을 듯 한데 말입니다.

출간되면 구매 방법 알려주시길 바랍니다. 좋은 결실 얻으시길 기원드립니다.

나의 마음의 시를 독자들이 읽고 힐링하고 위안을 받고 사랑과 눈물 함께 공감하게 된다면 시인으로서의 행복감 배가 되지 않을까 생각해봅니다.

김용규
MBC플러스미디어 공학박사
서울과학기술대학교 겸임교수

강에리 시인의 시는 팔색조를 닮았다. 한없이 감성적이다가 냉철하고 또 천진 무구하다. 성숙한 여인의 모습이다가 동화적이고 사차원의 세계로 인도 하는 듯 하다가 막 떼를 써댄다.

비를 좋아하는 시인은 비에 대한 시가 유독 많다. 비오는 날은 자신도 어디로 튈지 모른다는 시인은 비오는 날 많은 시를 쓴다고 한다. 우리가 철없어 보이는 그녀의 시에 열광하는건 아마도 우리 속에 있지만 막연해서 하지 못하는 말들을 또는 그런 감정들을 그녀가 대신 노래해 주기 때문일지도 모른다.

그녀의 눈물을 닦아주며 우리 자신이 힐링되고 있는지 모른다.

각박한 세상 아직도 사랑을 노래하는 그녀의 시 속에서 우리의 잃어버린 모습을 본다. 지루하고 변화 없는 일상에서도 꿈을 꿀 줄 아는 그녀가 오래도록 친구들에게 엘리스로 남아있기를……

우리를 그녀의 원더랜드로 인도하기를 바래본다.

박 경 모

The Catholic University of Korea, Professor

안녕하세요. 5월에 새로운 책 출간하신다니 축하드립니다.

강애리 시인님은 오프라인 뿐만 아니라 방송 및 SNS/Facebook을 통한 온라인 사이버 공간에서 열정적으로 활동하면서 틈틈이 좋은 글을 많은 독자 팬과 친구들과 함께 공유하면서 소통하고 있습니다. 평소 인생과 자연에 대한 시인님의 좋은 작품에 많은 공감을 불러일으켜 감동을 선사해주셔서 감사드립니다.

우리 주위의 잊혀지기 쉬운 아름답고 소중한 모습을 담은 좋은 글을 읽을 수 있어서 좋았어요!

다시 한번 신간 출간을 축하드립니다.

작가님의 건필을 기원합니다.

이병달

아트–포엠 콘텐츠(Art–Poem Contents Inc.) 대표(CEO) 겸 설립자 (Founder) 및 시인 한국시인협회 회원

첫 개인시집 〈단 하나의 꿈〉의 출간을 축하하며……

강에리 시인님! 첫 시집「단 하나의 꿈」출간을 축하합니다. 문재(文才)도 타고났고 또 '노력파' 시라 이미 오래 전에 시집을 엮어도 될 양과 질을 모두 갖추었지만 '완벽주의'를 지향하는 성품으로 절차탁마(切磋琢磨)의 과정을 거치느라 이제야 수줍은 듯 또 자랑스러운 듯 진주조개처럼 품고 있던「단 하나의 꿈」을 토(吐)함에 함께 기뻐하며 또, 덕담을 드리게 됨을 영광으로 생각합니다.

'시 문학'의 같은 길을 걷는 '문우'로서 저는 시인들은 '창조주'로부터 '멋진 신세계'를 창조할 수 있는 재능과 권능을 부여받아 너무나 바쁜 하느님을 대신해 인생의 고해를 건너는 사람들에게 희망과 용기, 위로를 주는 등불이나 횃불, '오아시스'가 되는 힘겹고 무거운 소명을 타고난 축복 받은 사람들이라 생각합니다.

너무 심한 비약이나 억지라고 한다면 시작(詩作)을 자기성찰의 거울이나 그저 취미나 오락, 적극적 자기표현의 도구 정도로 여기고 잘 활용한다면 그리 손해 보는 장사는 아닐 겁니다.

물론 문학이나 예술의 창작활동을 귀한 시간을 죽이거나 헛것을 미화하는 호사가들의 사치로 치부하는 가슴이 찬 사람들에게는 씨알도 먹히지 않겠지만요.

사실 돈이 지배하는 이 '황금광시대'에 돈 되지 않는 일에 열정을 쏟고 헌신하는 시인들이, 이들의 눈엔 아주 덜떨어진 별종으로 보이는 것이 어쩌면 당연할지도 모릅니다. 그래도 세상이 그런대로 조화롭게 돌아가는 것은 아직 세상엔 시인님처럼 순정을 지닌 분들이 의외로 많은 탓이라 믿으며 위안으로 삼습니다. 이번 축하 글의 덕담 자료를 찾기 위해 '페이스북'의 '빅 스타'지만 그 동안 자세히 읽어 보지 못했던 시인님의 '얼책'에 게시된 시들을 개갈적(槪括的)으로나마 음미하는 기회를 가졌습니다. 시나 시조의 시어나 행간에서 아릿한 아픔을 느꼈습니다.

마음속에 꽁꽁 숨겨둔 이 상처들이 그야말로 '찬란한 슬픔', 눈물 그렁그렁한 시로 승화된 거겠지요. 또한 이를 감추고 지키기 위해 겉모습이 때때로 조가비처럼 '쿨'하게 되기도 하구요. 내면의 심상을 비 · 구름 · 눈 · 바람 같은 날씨로 절묘하고 실감 있게 그려내는 건 여성의 섬세함이 없다면 불가능한 일입니다.

시어들이 나이테와는 무관하게 싱그럽고 풋풋한 잎과 향기로운 꽃눈을 달고 반짝반짝 빛나기에 주위에 그처럼 많은 '팬'들이 벌 나비처럼 붐빔을 알았습니다. 앞으로도 좋은 시를 많이 쓰셔서 많은 사람들로부터 오래 사랑받는 멋진 시인이 되시기를 진심으로 믿고 바랍니다. 건강하세요.

2014. 5. 19 希星 이병달

David Dong Hyun Nam
서울신학대학교, Seoul Theological University 강사
Gilmog Ministries Founder, Director

니콜라스 스팍스(Nicholas Sparks)의 노트북 (The Notebook)에는 이런 글귀가 있다. "그녀는 생각했다. 시는 분석되기 위하여 쓰여진 것이 아니라 이성없이 영감을 주며 이해함 없이 감동을 주기 위함이다" ("Poetry, she thought, wasn't written to be analyzed; it was meant to inspire without reason, to touch without understanding.")

강에리 작가는 그의 작품 "시를 쓰는 이유"에서 "가슴 속에 가득한 말을 하고 싶어서" 시를 쓴다고 표현한다.

이 얼마나 적절한 말인가! 언어는 인간 내면에 가득한 것을 내어 보이는 것이다. 시는 그 지은이의 어떠함을 알게하는 것을 넘어서 더 깊은 의미를 지닌다. 시는 마치 거울처럼 자기를 들여다 보게 하며 읽는 이들의 영혼의 현을 되울리는 또 다른 소리와도 같다.

이번 강에리 작가님의 시집이 분석 즉 “이성과 이해”의 대상이 되기 전에 그녀만의 고유한 상징과 비유을 담고 있는 그 말씨가 창조하는 고상한 “영감과 감동”이기를 바란다.

그녀 속에 가득한 것이 독자 속에 있는 그것들과의 조우가 일어난 즈음에 저항할 수 없는 침묵의 미소, 어느덧 영혼 깊이 스며드는 치유의 향연이 일어날 것이다.

남동현 목사 (길목문화공동체 섬김이)

축 사

파암波岩 한 상 기

International Institute of Tropical Agriculture (IITA) Director, Root, Tuber and Plantain Improvement Program 이바단 · 1971년 ~ 1994년
국제 열대 농업 연구소(IITA) 이사
괴경 및 바나나 개선 프로그램 · 이바단 · 1971년 ~ 1994년

Elly Kang 시집 축판을 축하드립니다.

매우 어려운 것이더군요. 망설이다 망설이다 겨우 용기를 내서 에라 한번 내 보자 하고 내었군요.

완전한 시집이라는 것은 없으니까요. 앞으로 더 좋은 작품이 나올 것이라 믿습니다.

이 인 순

SJ Badger 건축회사 CEO
미주 문학 중남부 책임자
국제 이웃사랑협회 최고 고문및 설립자
전 달라스라디오코리아 총무 역임

제가 존경하는 강에리 인기 여류 시인님의 출판은 세계적인 시인으로서 손색이 없다고 자부합니다. 출판을 축하드립니다.

친구로써 시평의 기회에 무한한 영광으로 우리를 교제하게 하신 주님께 영광올립니다.

Yun Ho Kim
The University of West Alabama 교수
아이오와 대학교에서 생화학 전공

사방이 뒤덮혀 뽀얗게 쌓인 하얀 눈 위에 단 하나의 꿈을 위해 내딘 첫 발자욱이 새롭습니다. 이제 눈 녹아 내린 그 곳에 강에리 시인님을 알리는 새순이 솟아 나겠지요.

어렵던 첫 발걸음의 의미가 더욱 깊게 뿌리 내리시길 기원합니다. 발간을 축하 드립니다.

– 서 알라바마 대학 교수, 김윤호

신은아
Oceans Eleven Casino
Molex Inc.

에리 언니의 가슴속에서만 열려있던 아름다운 열매들이 시집이라는 바구니에 가지런하고 정성스럽게 담겨 세상의 빛을 보게됨을 축하드려요. 에리 언니의 시가 많은 사람들 가슴 속에서 감동으로 다시 싹틔워 나가길 기원합니다.

바다 건너 있지만... 여전히 사랑해요 언니

Moon-sik Hong
Doctor of Public Health(保健學 博士)
essay writer and a poet

사랑하는 딸 시인 에리의 아름다운 마음이 가득 넘치는 한 권의 시집이 탄생했다. 이는 곧 뒤늦게 뛰어든 문단에서 앞으로 크게 성취할 좌표의 설정이다. 이로부터 대기만성의 길을 열심히 달려갈 것을 의심치 않는다. 기쁜 마음으로 축하한다.

아빠 시인 홍문식

김 재 명 대표
킴스랜드 (대표이사)

사람은 살아가고 누군가는 누군가에게 끝없는 편지를 쓴다.
그래서 그리움을 전한다.
진정 이 시대 그리움을 아는 강에리 시인…….

전 옥 집
前) 삼척여자고등학교 교사
前) 북평여자고등학교 교사

축하해요. 여리고 순수한 에리씨가 드디어 순수함의 결정체를 만들어 내셨네요. 살아갈 의미를 스스로 찾는 이쁜 에리씨! 많이 축하해요.

이 태 성
카네기연구소 상무

누구나 마음의 고향을 그리워합니다.
누구에게나 마음의 고향을 주는 선생님.

송 미 숙

오랜 인고에 좋은 소식과 많은 사람들의 마음에 자리하게 되는 에리씨 맘껏 나래를 펴길 바래요. 시를 좋아하는 사람의 마음에 꿈을 희망을 안겨주는 오래도록 기억에 남을 수 있는 에리 시인으로 자리매김 하길 바래요. 진심으로 출간함을 축하해요.

먼 훗날에 한편의 시가 꿈을 키울수 있다면, 그 또한 행복이 아닐련지요. 최고의 시인이 되시길 염원 합니다.

정 만 영

(주)효성디앤씨 대표이사 (부동산 개발 컨설팅, 재건축 전문)
쇠고기 육회 전문점 운영(프랜차이즈 직영점)

읽기는 쉬우나 글 쓰는 것이 얼마나 어려운 일인지요.

첫 시집 출간하는 나의 친구 에리님께 축하의 인사를 드립니다. 진흙 속에서 진주를 찾아낸 기쁨의 시간입니다. 더욱 왕성한 창작활동을 통하여 우리 문단의 큰 별로 더욱 밝은 빛을 내어 주시기 바랍니다.

유기은
이화여자대학교미술대학서양화과졸업
화가

강에리의 시는 고요한 침묵 가운데 음미하면 내면에서 피어오르는 깊은 삶의 송이송이 덩어리들이 녹아나는 희열을 느낀다 알듯 모르듯 잔잔한 감동의 물결이 일렁이며 계속 빠져드는 신비함이 있다. 또 개구장이의 재미난 묘사도 일품이다.

시집 출간에 찬사를 보내며 아름다운 시어들의 합창 제2, 제3의 시집을 기대해본다.

조장흠
고가구와 자개를 사랑하는 공방운영

문학 소녀에서 이젠 성숙하고 아름다운 내면의 시상을 표현한 에리님의 첫 시집 발간을 진심으로 축하해요.

축 사

김형대
한국디아스포라방송 편성국장
다큐멘터리 감독

강에리시인님의 시는 그림이 보이는 다큐멘터리입니다. 방송으로도 소개되는 시와 낭송으로 더욱 기대가 됩니다.

강윤희
한국디아스포라방송 홍보이사

강에리 시인의 시를 듣고 있으면 마음속에 한 폭의 풍경화가 펼쳐진다. 그녀의 시는 가냘픈 듯 하면서도 강인함이 배어 나오는 그녀의 모습과 닮아 있다.

우리방송의 시 코너 '엘리스의 시가 있는 정원'의 진행자이기도 한 그녀의 시가 모든 이의 휴식같은 시가 되길 바란다.

김현창
떡다함 떡 이야기(어머니의 마음) 운영자

어둠을 몰아내는 새벽처럼 친구의 시어는 몽매한 내 마음에 환한 빛이 되었네.

친구의 시집 출간을 축하 한다.

이승희
KDB 방송작가 이승희
박준수의 풍경 소리

강에리 시인이 진행하는 '엘리스의 시가 있는 정원'은 촉촉함이 젖어있는 맘 정원으로의 초대이며 작가의 풀잎 같은 감성으로 아련한 맘 속 그리움을 담아서……

맘을 열면 얻는 것이고 맘을 닫으면 잃는 것처럼 또한 풀이 다른 장소에 있다고 더 푸른 것이 아닌 것처럼 과연 이대단한 행복을 미룰 사람이 있을런지요.

바로 이곳 엘리스의 시가 있는 정원에 있음 이지요!

문 테리
영어강사

에리언니, 첫 시집 출간 진심으로 축하드려요. 언니의 아름다운 시가 세상을 예쁘게 밝혀 주길 기원합니다.

뭔가 멋진 표현을 하고 싶은데 어떻게 써야 할 지 모르겠어요. 제 맘은 언니의 첫 시집 출간을 진심으로 축하드리고 언니의 시가 앞으로 더더욱 많은 사람들에게 읽혀서 세상 사람들의 마음에 어여쁜 꽃이 되시길 바래요.

정 명 훈
쓰리비 에듀테인먼트 정명훈 대외협력이사

강에리 시인의 시는 내일이라는 전쟁터를 기다리는 젊은 청년들에게 내일이라는 열매를 달콤하게 맞이할 수 있도록 마음의 평안을 주는 시다.

시집 출판을 축하 드립니다.

축 사

이 기 호
기독교 장로교회 원노장로
한국 장로성가단 부단장 역임

강애리 시인님!

축사 부탁 받고 여기저기 여러 편 작품을 감상하며 아름다움을 느꼈습니다. 늘상 살아오며 부딪치며 쌓이는 가슴에 가득한 말들이 시의 옷을 입고 아름답게 태어났군요.

연륜이 묻어나는 깊이가 느껴집니다.

나 원 규
항공우주부분야 연구원

강에리 시인의 첫 시집 발간을 축하드립니다.

앞으로도 바쁘고 삭막한 삶에 하릴없이 흘려 보내던 소중한 것들을 아름답고 섬세하게 되짚어 주는 멋진 시를 기대하겠습니다.

단 하나의 꿈